Sei willkommen
in meinem, deinem Buch.

Du findest darin
den hochmütigen Strauss,
die unfassbare Meduse.
Entschwinde als Wal
in die dunkle Tiefe des Meeres,
dem hellen Licht entgegen
trägt dich der Libelle filigraner Flug.

e-hon ist eine
spielerische Fantasie.

Ist es die Wäscheklammer,
die den Elefanten zum Strauss macht?

Beobachte wie eine Eule,
sei emsig wie eine Ameise,
exotisch wie das Känguruh.

Vielleicht fällt es dir dann leichter,
dich als Mensch zu erkennen.

Hendrik Wiethase

私の、あなたの本へようこそ。

この本の中であなたは、いばったダチョウやつかみどころのないクラゲなどに遭遇します。クジラの様に深い海の闇の中を静かに泳いでいると、光の中からトンボの飛行機が、軽やかにあなたを乗せにやって来ます。

e-honは空想の遊びです。

洗濯バサミは、象がダチョウのために作ったのでしょうか？

フクロウの様に静かにじっと見つめ、蟻の様に機敏に動き、カンガルーの様にエキゾチックになって下さい。

そうすれば人であるあなたの事も、もっと簡単に解るかもしれません。

ヘンドリック ヴィーターゼ

norsk
日本語
english
हिन्दी
Deutsch
Sinhala
español
العربية
FRANÇAIS
中文
SWAHILI
Русский

eエえ絵本 e-hon

絵 え エ
絵 え エ
絵 e e
e エ え

Jeg er en frosk

私はカエルです

I am a frog

अहम्येको येको sfrog

Ich bin ein Frosch

ഞാൻ ഒരു തവളയാണ്

Yo soy una Rana

أنا ضفدع

JE SUIS UNE GRENOUILLE

我 是 青 蛙

MIMI NI CHURA

अयुक

jeg er en struts

私は ダチョーです

I am an ostrich

अहमेकः शाहामृगो ऽस्मि

Ich bin ein Strauss

ඉබ රැවුලාගෙන්

Yo soy un avestruz

أنا نعامة

Je suis une autruche

我是鸵鸟

MIMI NI MBUNI

Я страус

Jeg er en sau

私は羊です

I am a sheep

आफ्नोको मेषो दस्सि

Ich bin ein Schaf

അം ചെമ്മരിയാട്

Yo soy una oveja

أنا نعجة

Je suis un mouton

我是羊

MIMI NI KONDOO

אני כבש

Jeg er en elefant

I am an elephant

अहमेको हस्ती अस्मि

Ich bin ein Elefant

Yo soy un Elefante

Je suis un éléphant

我是大象

MIMI NI TEMBO

Jeg er en vindmølle

私は風車です

I am a propeller

अहम् एकः प्रेरको ऽस्मि

Ich bin ein WINDRAD

මම කැරකෙන මෝලක්

Yo soy una hélice

remolino

أنا مروحة

Je suis une hélisse

我 是 风 车

Mimi ni Propera

я пропеллер

Jeg er ett blad

我是一片葉子

I am a leaf

अरे मेकं पत्रमस्मि

Ich bin ein Blatt

6 ஒரு இலை

أنا ورقة

Yo soy una hoja

Mimi ni jani

Я лист

Je suis une feuille

我是树叶

Jeg er en kvist

私は枝です

I am a branch

अफ्रोमेका शारणासिय

Ich bin ein Ast

[Tamil script]

Yo soy una Rama

[Arabic script]

Je suis une branche

我 是 树 枝

MIMI NI TAWI

[Berber script] berbe

Jeg er en koalabjørn
私は コアラ です
I am a koala
आफ्नोक की सिम
Ich bin ein Koala
⊙⊙ ⊙⊃
Yo soy un coala
ﹹ ﹼ ﹻ ﹺ
Je suis un koala
我 是 考 拉
MiMi Ni KOALA
koala

Jeg er en stamme
가나다 줄기
I am a trunk
अहमेकः कारंडो अस्मि
Ich bin ein Stamm
Yo soy un tronco
Je suis un tronc
我 是 树 干
Mimi ni Mhimili
я ствол

Jeg er en maur

कीड़ा हूँ मैं

I am an ant

आप मेको । पिपीलिकोऽहं

Ich bin eine Ameise

యాంట్ ను నేను

Yo soy una hormiga

أنا نملة

Je suis une fourmi

我 是 蚂 蚁

MIMI NI MCHWA

Я муравей

Jeg er en rot
私は根です
I am a root
आत्मेक सूत्रमास्मि
Ich bin eine Wurzel
Yo soy una raiz
Je suis une racine
我是树根
Mimi ni mzizi
Я корень

Jeg er ett rādyr
私は シカ です
I am a deer
अफ़मेका फ़रिगणी ऽत्मि
Ich bin ein Hirsch
ඞා ළෙමෙක්
Yo soy un Ciervo
وا ٰ نغ لى
Je suis un CERF
我 是 鹿
MIMI NI SWALA
ؠ ଠାଣାଥ

Jeg er en kenguru
私はカンガルーです
I am a kangaroo
आप मोटे
मैं केंगुरू हूँ
Jeh bin ein Känguru
কাঙ্গারু আমি
Yo soy un canguro
Je suis un kangourou
我是袋鼠
Mimi ni kangaruu
кенгуру

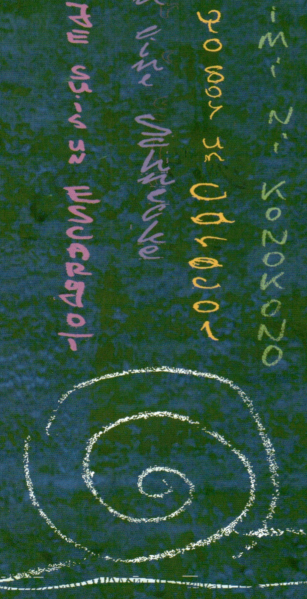

මම සූලෑක්

أنا صزن

अफ्नेको कोपरखो स्मि

我是蜗牛

el yumka

I am a snail

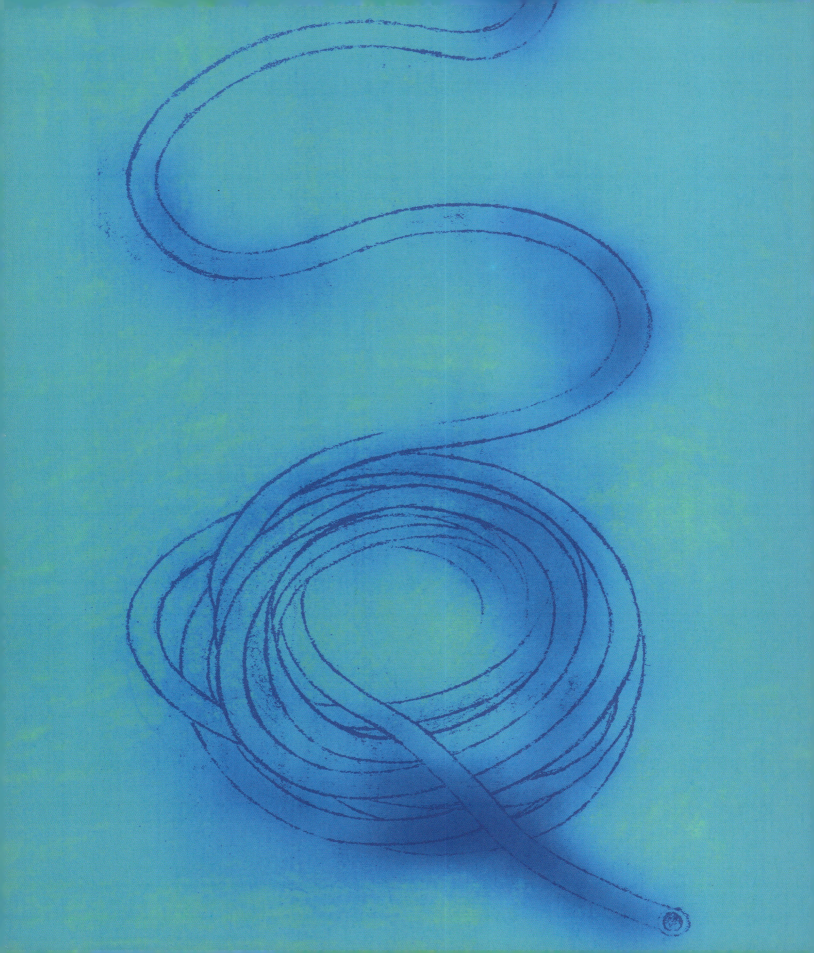

Jeg es en hageslange / Ich bin ein Wasserschlauch / yo soy una manguera / I am a rose / Je suis un tuyau d'arrosage / MIMI NI MPIRA ...

Jeg er en pingvin

私はペンギンです

I am a penguin

अफ्नोको पैंगविनमिम

Ich bin ein Pinguin

ഞാൻ ഒരു പെൻഗ്വിൻ ആണ്

Yo soy un Pingüino

أنا بطريق

Je suis un pinguin

我是企鹅

Mimi ni Penguini

I num buu

Jeg er ett lyn
私は雷です
I am a flash
आत्मीका बिजुरीसि
Ich bin ein Blitz
මම විදුලියක්
Yo soy un Relámpago
Je suis un Éclair
我 是 電
Mimi Ni RADI
اناالبرق

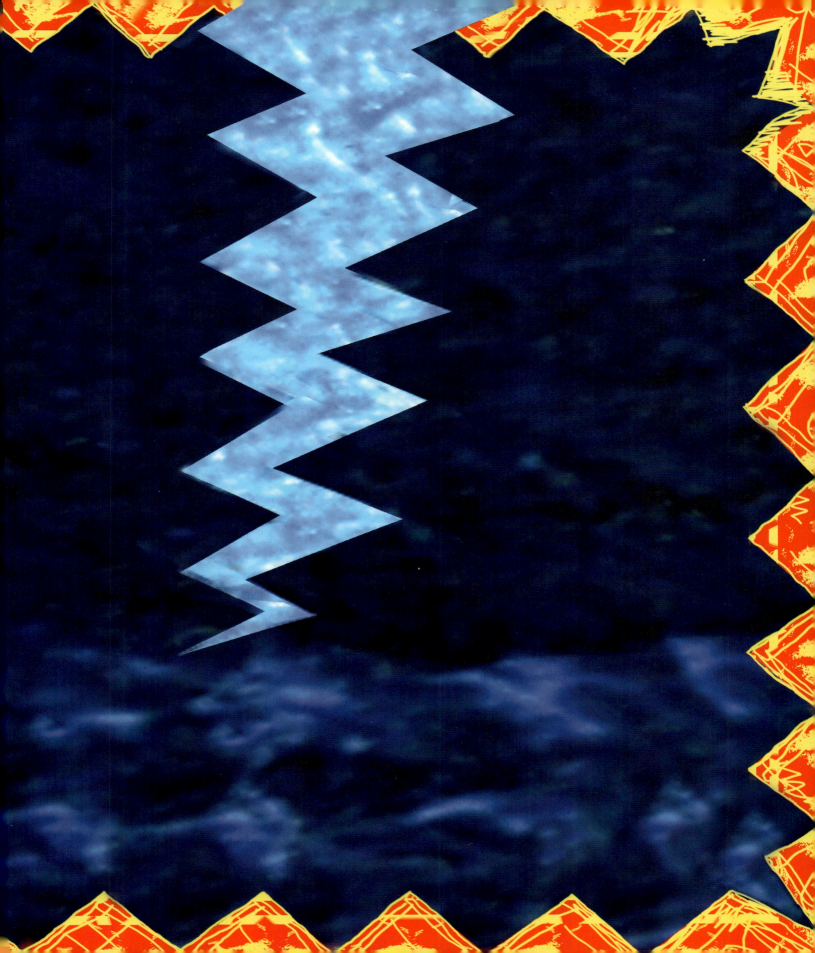

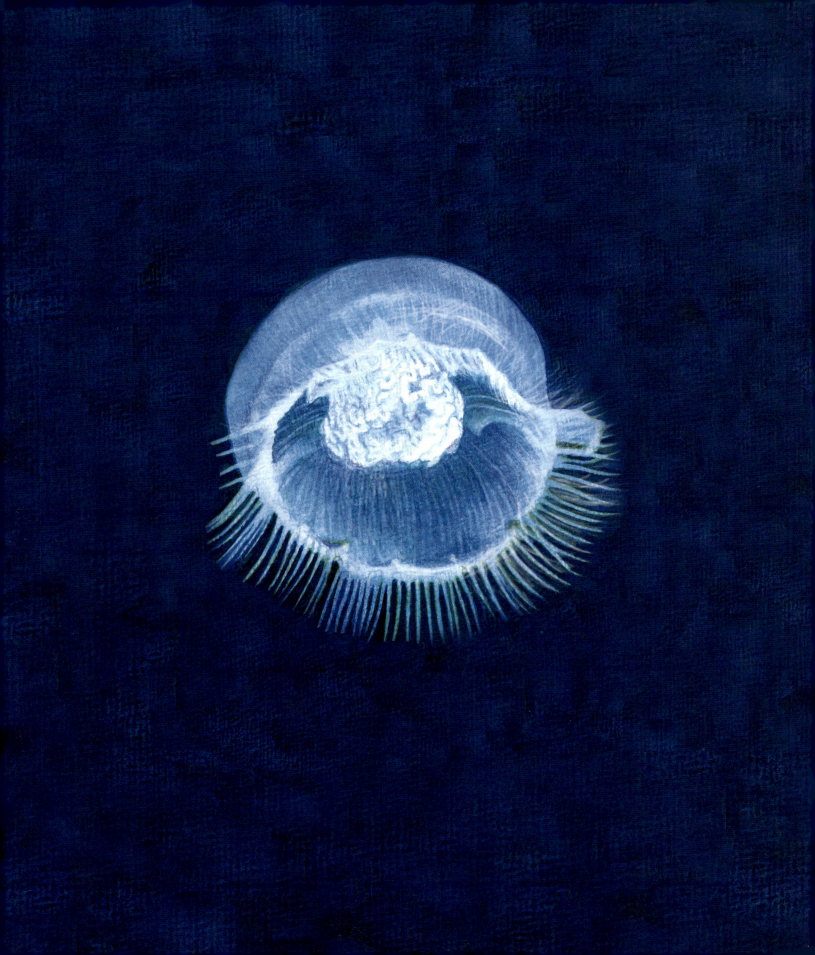

Jeg er en manet
私はクラゲです
I am a jellyfish
आफ्नोको छत्रीको उमि
Ich bin eine Qualle
∽∽∽∽∽∽∽∽
Yo soy una Medusa
تقي ـلا
Je suis une méduse
我是水母
Mimi ni samaki
المجسة

Jeg er en sjøstjerne
私はヒトデです
I am a starfish
अफ्नोको तारामीनो रिन
Ich bin ein Seestern
၈၈ ကျွန်တော်ငါးကြယ်
Yo soy una estrella de Mar
أنا نجم البحر
JE SUIS UNE ÉTOILE DE MER
我是海星
MIMI NI SAMAKI
Я морская звезда

Jeg er en blekksprut

I am an oktopus

अक्टोपस् छु

Ich bin ein Oktopus

Yo soy un Pulpo

Jeg er en blekksprut

Jeg er en hai

私はサメです

I am a shark

अहिलेको ग्राफो उस्ति

Ich bin ein Hai

ඊඊ ෴ෝ෴ෝ෴෴

Yo soy un Tiburón

أنا سمكة قرش

Je suis un requin

我是沙鱼

Mimi ni papa

Я акула

Jeg er en hval
私はクジラです
I am a whale
अहमेको तिमि डमि
Ich bin ein Wal
മാ മലോമതെ
Yo soy una ballena
ان م ‎-ا
JE SUIS UNE BALEINE
我 是 鯨
MIMI NI NYANGUMI

Jeg er en sjøhest
私は竜の落とし子です
I am a seahorse
अफ़्मेको समुद्राधो ँsfिरि
Ich bin ein Seepferdchen
၀၀ ၍ ၈ ၂ ၆
Yo soy un caballito de mar
بي- صحبي
Je suis un hippocampe
我是海马
MIMI NI SAMAKI
я морской коник

Jeg er en nøkkel

私は鍵です

I am a key

आरामेक उद्घाटको सिम

Ich bin ein Schlüssel

Yo soy una llave

Je suis une clef

我是锁

Mimi ni ufunguo

Jeg er ett nøkkelhull

मैं एक छेद हूँ

I am a hole

आफ्नोको गर्तो छु

Ich bin ein Loch

ଏ ଏ ଗୋଟେ ଗାତ

Yo soy un agujero

[green script]

Je suis un trou

我 是 洞

Mimi ni tundu la funguo

Я замочная скважина

Jeg er en krabbe

私は カニ です

I am a crab

अहनेको कर्कंटो स्मि

Ich bin ein Krebs

യോ സൊയ്

Yo soy un Cangrejo

Je suis un crabe

我 是 蟹

MIMI NI KAA

Jeg er en ørn

私は プテラノドンです

I am a pteranodon

आफ्नोको दीनो हुम्

Ich bin ein Pteranodon

මම පෙරනෝඩන්

Yo soy un Pteranodon

انا دينصور

Je suis une ptéranodon

我是恐龙

MIMI NI POPO

Я птеродактиль

Jeg er en døråpning

私はドアです

I am a door

आप एक द्वार हैं

Ich bin ein Tor

ഞാൻ ഒരു വാതിൽ

Yo soy una puerta

أنا باب

Je suis une porte

我 是 门

MIMI NI MLANGO

я дверь

Jeg er en stjerne

私は星です

I am a star

अभ्यीका तारा स्तिप

Ich bin ein Stern

මම කවිවෙක්

Yo soy una Estrella

جۇيۇن

Je suis une étoile

我 是 星

MIMI NI NYOTA

ང་སྐར་མ

Jeg er en klesklype
私は洗濯バサミです
I am a peg
अहमेको वस्त्रकीला हूँ
Ich bin eine Wäscheklammer
Yo soy una pinza
Je suis une pince à linge
我是洗衣夹
Mimi ni kibanio

Jeg er en ugle

私はフクロウです

I am an owl

अहमेक उल्लूको स्मि

Ich bin un Uhu

මම කිබලයෙක්

Yo soy un Búho

َ أنا بومة

JE SUIS UN HIBOU

我是猫头鹰

MIMI NI BUNDI

Jeg er en salamander

私は守宮です
　　　　ヤモリ

I am a salamander

आप्मेक: सामन्दरो इस्मि

Ich bin ein Gecko

ඏච චචචච ු

Yo soy una Salamandra

جي وذ ڪيشي

Je suis une SALAMANDRE

我是壁虎

MIMI NI MJUSI

я саламандра

Jeg er honning
私はハチミツです
I am honey
आप मेरा मधुर्मित
Ich bin Honig
ඞඞ ‍‍ ‍‍‍ ‍‍‍
Yo soy Miel
تحن = عسل
Je suis Miel
我是蜜糖
MIMI NI ASALI
أنا عسل

Jeg er en bie

私はハチです

I am a bee

अह्र्येको मधुकरो स्मि

Ich bin une Biene

මම මීමැස්සෙක්

Yo soy una Abeja

나는 벌이다

Je suis une guêpe

我 是 蜜 蜂

Mimi ni Nyuki

نحلة

Jeg er en løve
私はライオンです
I am a lion
आफ्नोको निंदो सिंह
Ich bin ein Löwe
నేను సింహాన్ని
Yo soy un león
أنا أسد
Je suis un lion
我是狮子
Mimi ni simba

Jeg er en solsikke

私はヒマワリです

I am a sunflower

आफ्नोको सूर्यमुकीलो फूल

Ich bin eine Sonnenblume

මම සූර්යකාන්ත මලක්

Yo soy un girasol

أنا عباد الشمس

JE SUIS UN TOURNESOL

我 是 向 日 葵

MIMI NI ALIZETI

я подсолнух

Jeg er en skje

私はスプーンです

I am a spoon

आफ्नोको वसमो स्मि

Ich bin ein Löffel

ඔබ වනවරව

yo soy una cuchara

ぞうも ども

JE SUIS UNE CUILLÈRE

我 是 勺

MIMI NI KIJIKO

Я ложка

Jeg er . . .
私は . . .
I am . . .
आत्मसेको
Ich bin . . .
👀 . . .
Yo soy . . .
. . . 난
Je suis . . .
我是 . . .
MIMI NI . . .

Jeg er ett menneske

私は人です

I am a human being

आफ्नोको मानुष हो

Ich bin ein Mensch

මම මනුස්සයෙක්

Yo soy un ser humano

أنا إنسان

JE SUIS UN ÊTRE HUMAIN

我是人

Mimi ni mtu

Я человек

Jeg er en aubergine
私は ナス です
I am an eggplant
आत्मेको : वङ्गनो डिम
Ich bin eine Aubergine
ඞට ඞ ටඞටඞ
Yo soy una Berenjena
ﺗ . ﻧﻴﺘﺎ ﺑﺎﻧﺞ
JE SUIS UNE AUBERGINE
我 是 茄 子
MIMI NI BILINGANYA
I Sagpugman

Jeg er en kameleon

私は カメレオンです

I am a chameleon

अहमेकः परटो उस्मि

Ich bin ein Camäleon

ಬಹುರೂಪಿ

Yo soy un Camaleón

أنا حرباء

Je suis un caméléon

我是 变新 易

MIMI NI KINYONGA

Я хамелеон

takk

Спасибо ありがとう

ASANTE thank you

謝 く मनसु

MERCi Danke

شكرا ස්තූතියි

Grácias

e-hon

作者　二宮　遊
序文　ヘンドリック　ヴィーターゼ

全てのイラスト、その他本の内容の権利は二宮　遊に属する。
©Yuu Ninomiya 2005

ヴィーターゼ出版
2005 発行

Alle Rechte, insbesondere das der Vervielfältigung,
auch auszugsweise, liegen bei Yuu Ninomiya.
©Yuu Ninomiya 2005
e-mail: e-hon@td6.so-net.ne.jp

Prolog von Hendrik Wiethase

Wiethase Verlag, D-94107 Untergriesbach, Wesseslinden 1
www.wiethase.de
e-mail: info@wiethase.de

ISBN 3-937632-32-8

LA LA LA LA LA la La la la la
la la la la la la la la la la la la la
la la la LA la la la la la la la la
la la LA la la la la la la? La la-
lalala. ¿la la la? La la
la la LA.

La la la la la, la la la LA!
la la la la la la la la la la la-
a. la la la, la la la la la
la la LA LA LA. la "La La" la
la la la la la la LA. LA la la la
La!!!! la la la la la la la la!

la la la la,
la la la la la la la
la la la la la la.
la la la la a a a la la.
la. la la la la la la...